LES VICTIMES
DU 2 DÉCEMBRE 1851

PROLOGUE

D'UN ÉPISODE HISTORIQUE, DRAMATIQUE ET RÉVOLUTIONNAIRE

PAR

un ex-condamné à la transportation à cinq années
d'Afrique par les Commissions mixtes.

> Où étiez-vous, détracteurs et imposteurs, lorsque je marchais sur Aups avec les débris de onze sections, et durant mes cinq années d'exil? Vous ne perdrez rien pour attendre. A bientôt!

TOULON
TYPOGRAPHIE TARDY, RUE DE L'ARSENAL, 19

LES VICTIMES
DU 2 DÉCEMBRE 1851

PROLOGUE

D'UN ÉPISODE HISTORIQUE, DRAMATIQUE ET RÉVOLUTIONNAIRE

PAR

un ex-condamné à la transportation à cinq années d'Afrique par les Commissions mixtes.

> Où étiez-vous, détracteurs et imposteurs, lorsque je marchais sur Aups avec les débris de onze sections, et durant mes cinq années d'exil? Vous ne perdrez rien pour attendre. A bientôt!

TOULON
TYPOGRAPHIE TARDY, RUE DE L'ARSENAL, 19

PERSONNAGES :

MARTIN, cabaretier.
JUSTINE, son épouse.
HENRI, soldat.
GUSTAVE, ouvrier.
RÉQUIER, chef insurgé.
BLANC,   id.
DUTUEIL,   id.
BROSSAI, mendiant.
TENU,   id.
EUGÉNIE, sa compagne.
BRIN, mendiant, aveugle.
FRICH,   id.
GASTÉ, petit savoyard.
AIMÉE, sa petite sœur.

La scène se passe dans un des villages du Var.

LES VICTIMES

DU 2 DÉCEMBRE 1851

ACTE PREMIER

La scène représente l'intérieur d'une hôtellerie, au fond est écrit : *Hôtel des Miracles.* Sur le premier plan à droite, deux tables avec bancs et tabourets, une seule table au second plan.

SCÈNE Ire.

MARTIN, JUSTINE.

MARTIN (*mettant de l'ordre et appropriant l'intérieur de l'hôtellerie*). — Eh bien! tant mieux, ils sont tous partis, ainsi jusqu'à ce soir nous aurons le temps de nous reposer. Quel triste métier! Vois-tu, Justine, si ce n'était que nous sommes vieux et que nous ne pouvons plus entreprendre autre chose, il y a des moments que j'enverrais tout au diable!

JUSTINE. — Tu as un caractère un peu trop brusque, que diable! quand on a un établissement, il faut avoir de la patience.

MARTIN. — Mais on ne nous laisse presque pas dormir, il faut être debout nuit et jour.

JUSTINE. — A propos de nuit, j'ai fait un rêve, la nuit dernière, oh! mon pauvre ami, quel rêve.

MARTIN. — Ah! te voilà encore avec tes rêves!

JUSTINE. — Oui! quand je rêve de l'eau trouble, des processions, surtout une poule sur les œufs!

MARTIN. — Tu m'embêtes avec tes rêves !

JUSTINE. — Eh bien, nous le verrons. La journée ne se passera pas sans qu'il arrive quelque grand malheur. Je ne suis pas sorcière, mais tu verras.

MARTIN. — Allons ! c'est de la bêtise. As-tu mis l'eau dans la barrique ?

JUSTINE. — Oui, cinq litres.

MARTIN. — C'est dix litres que je t'avais dit, dix sur cinquante.

JUSTINE. — Mais enfin, il faut être consciencieux.

MARTIN. — La conscience est comme tes rêves.

JUSTINE. — Mais enfin, tu as une âme.

MARTIN. — Et pourquoi faire ?

JUSTINE, *sortant*. — Tu seras toujours le même.

MARTIN. — Certainement, j'aime mieux cinq francs dans ma poche que dans celle des autres ; notre clientèle ne se compose pas de connaisseurs, pourvu qu'ils remplissent le ventre, ils sont contents quand ils sont ivres. Et puis, c'est aimer son prochain que de mettre de l'eau dans le vin, ils y gagnent et nous aussi. En y mettant beaucoup d'eau il m'arrive souvent que je ne puis pas m'en rendre maître, ce serait bien pire si je n'en mettais pas. Mais voici le retardataire, celui-là ne se lève que quand il a soif.

SCÈNE II.

MARTIN, puis FRICH.

FRICH. — Bonjour, père Martin.

MARTIN. — Bonjour, Frich, comment as-tu passé la nuit ?

FRICH. — Dites plutôt le jour.

MARTIN. — C'est vrai, quand on se couche à trois heures et qu'on se lève à midi, c'est plutôt le jour que la nuit.

FRICH. — Et les voyageurs ?

MARTIN. — Ils sont partis en tournée. Toi tu ne feras pas une bonne recette, tu commences trop tard.

FRICH. — Il faut connaître notre état de voyageurs ; les recettes ne sont bonnes que de une heure à trois, juste pendant le temps de la digestion, j'ai donc encore tout le temps. Servez-moi un verre de vin et en route. Où avez-vous mis ma jambe de bois ?

MARTIN. — Là, derrière la porte.

FRICH (*prenant la jambe de bois*). — Allons ! mon capital, voyons si aujourd'hui tu me rapporteras le cinq pour cent.

MARTIN. — C'est le plus brave des voyageurs. Il ne travaille que pour moi. (*Appelant Justine*). Justine, je vais sortir, s'il vient quelqu'un, tu serviras. (*Il sort*).

SCÈNE III.

GASTÉ, AIMÉE, puis JUSTINE.

GASTÉ (*entrant avec sa sœur et examinant l'intérieur*).— Quelle vilaine auberge !

AIMÉE. — Puisqu'il n'y en a pas d'autre ici, il faut bien s'en contenter.

JUSTINE. — Que désirez-vous, mes enfants.

GASTÉ. — Nous arrivons et nous venons vous demander une place pour ce soir.

JUSTINE. — Il y a de la place pour tous, ici. Nous n'avons pas de lit, mais nous avons deux greniers pleins de paille, vous choisirez.

AIMÉE. — Et combien nous ferez-vous payer ?

JUSTINE. — Trois sous par personne.

AIMÉE. — Nous sommes petits, vous nous logerez bien pour cinq sous les deux. Nous allons faire notre tournée et nous reviendrons ce soir.

JUSTINE. — C'est bien, mes enfants, je compte sur vous. (*Elle sort*).

GASTÉ. — Allons ! ma pauvre sœur, si nous n'avions pas perdu notre mère, nous ne serions pas ici.... Si nous faisions une petite répétition, après nous irons faire notre tournée.

AIMÉE. — Je le veux bien. (*Ils chantent accompagnés de la vielle*).

(*Ensemble*). Et puis nous achèterons
Un petit pot pour soupière,
Et dans la même cuillère,
Tous les deux nous mangerons

Cinq sous, cinq sous
Pour monter notre ménage
Cinq sous, cinq sous
Hélas ! comment ferons-nous ?

Saute, la Catharina. *(Ils sortent).*

SCÈNE IV.

Tenu, Justin.

Tenu *(accourant tout effaré, jette dans un coin sa bosse qu'il avait sur le dos; il frappe sur la table).* — Martin ! Martin !

Justine *(accourant).* — Quel tapage.

Tenu. — Vite, une bouteille de vin, et si on vient vous demander un bossu, ne dites pas que c'est moi. Si on vous questionne, vous répondrez que je suis un voyageur arrivé depuis une heure.

Justine. — Mais pourquoi cela.

Tenu. — J'étais dans la grande rue, lorsqu'un individu me dit : « La mendicité est interdite. » Je lui répond que je ne trouve pas de travail et que je n'ai pas trouvé le moyen de vivre sans manger ; il est vrai qu'un docteur américain a bien voulu nous prouver qu'on pouvait rester quarante jours sans manger, mais je n'en connais pas encore le secret ; alors, comme je tiens à vivre, il faut que je mange pour ne pas mourir de faim. Il me répond que je suis un insolent, je lui réplique en le traitant de polisson ; il me met la main au collet, mais je l'empoigne et patatras, le voilà dans le ruisseau, je parviens à me sauver. J'étais bossu, je puis lui prouver que je ne le suis pas ; donc, s'il venait ici, n'oubliez pas la consigne.

Justine. — C'est entendu.

SCÈNE V.

Tenu, Justine, puis le Commissaire de police.

Tenu. *(Apercevant le commissaire sur le seuil de la porte.)* — Ah ! le voilà.

Le commissaire *(couvert de poussière, s'adressant à Tenu).* — Vous êtes voyageur, vos papiers.

Tenu. — Les voilà.

Le commissaire (*le fixant*). — Depuis combien de temps êtes-vous entré ici.

Tenu. — Depuis une heure environ.

Le Commissaire. — N'avez-vous pas vu entrer un bossu. (*A part*). Comme il lui ressemble.

Tenu, *rassuré*. — Je n'ai vu personne.

Le commissaire. — Que faites-vous ici.

Tenu. — Je vais faire ma tournée, et si je ne trouve pas de travail, je partirai pour Toulon.

Le commissaire, *réfléchissant*. — Ces papiers sont en règle, cependant.... (*il le fixe*) allons voir ailleurs. (*Il sort*).

Tenu. — Changeons de rôle et de nom : imitons le manchot. Il faut déguerpir, car il peut revenir. Patronne, voilà votre argent (*il sort*).

Justine. — C'est bien.

SCÈNE VI.

Henri, Martin.

Henri, *seul, entrant pensif*. — Ouf! hôtel des Miracles, allons, assayons-nous. Garçon.

Martin *entre et accourt*. — Votre serviteur, monsieur le soldat. Que faut-il vous servir..

Henri. — Une bouteille de vin.

Martin. — On y va. Monsieur le soldat arrive d'Afrique.

Henri. — Non.

Martin. — Peut-être de la Cochinchine. On dit qu'il fait très chaud dans ce pays-là.

Hrnri, *ennuyé*. — Eh non.

Martin. — Alors vous devez venir de la Chine. On dit qu'on passe les soldats au blanchissage là-bas.

Henri. —Assez. Donnez-moi une bouteille de vin et allez vous promener avec vos questions.

Martin, *s'éloignant*. — Quelle figure... Il revient peut-être du Sénégal.

Henri. — Il n'y a pas assez d'avoir été ennuyé pendant

sept ans au service sans encore l'être dans son pays ; mais enfin je vais être débarrassé de cet habit de loup-garou.... Qui peut comprendre ce que c'est que le métier de soldat. — Soldat, marche. Où. — Tu es bien curieux, marche et pas un mot. Marche à la corvée, à l'exercice, à la mitraille, vas griller en Afrique, geler à Sébastopol, mourir partout, excepté dans ton lit. On te promet de l'ombre quand le soleil sera couché, du pain quelquefois, mais des balles, des obus, des boulets et des jambes de bois à discrétion. Vas t'exposer aux longs fusils des Kabyles, aux fusées à la congrève de la civilisation, quatre maladies à ajouter aux 3,422 énumérées dans le redoutable dictionnaire de la Médecine.

Martin. — Pardon, monsieur le soldat, je vous dérange, peut-être faisiez-vous votre prière.

Henri. — Oui, c'est bien, assez.

SCÈNE VII.

Gustave, Henri, puis Martin.

Gustave (*parcourant du regard l'auberge*). — Quelle gargotte ! (*S'adressant à Henri*). Monsieur n'est pas le propriétaire.

Henri. — Comme vous, je suis passager. Je n'ai que quelques heures à rester dans ce pays, le temps de serrer la main à quelques amis. Acceptez-vous un verre de vin, sans façon, asseyez-vous.

Gustave. — J'accepte votre offre, mais j'ai besoin de prendre un bouillon, je suis très-fatigué, je sors de l'hospice.

Henri. — Eh bien, soit, pendant que vous allez prendre votre bouillon, je vais voir mes amis. A tantôt. (*Il lui tend la main*). A bientôt, frère. (*Il sort*).

Gustave, *seul, ému, réfléchissant*. — Hôtel des Miracles. J'en aurais bien besoin d'un qui m'aidât un peu dans ma misère. Trois mois d'hôpital, et après on vous dit : Voilà votre carte de sortie, vous êtes guéri.. Je n'ai pas encore la force de travailler... et encore trouverai-je du travail ; il ne me reste que deux francs pour toute ressource. Oh ! pauvre mère, si tu connaissais bien ma position ; mais laissons les réflexions pour plus tard et prenons un peu de bouillon... Garçon.

MARTIN, *accourant*. — Voilà, monsieur, (*à part*). Par exemple, en voilà une de figure... il doit venir de la Cochinchine.

GUSTAVE. — Vous me servirez un bouillon.

MARTIN. — On y va. A la minute.

SCÈNE VIII.

LES MÊMES, BROSSAÏ.

BROSSAÏ *chante dans la coulisse.*

> Tant qu'on le pourra
> La Lirette
> On se donnera
> La Lira
> Tant qu'on le pourra
> On boira, trinquera, aimera
> La Fillette
> Tant qu'on le pourra
> On se donnera
> La Lira.

MARTIN. — Voilà, monsieur, le bouillon demandé.

BROSSAÏ *entre en chantant.*

> Chez lui, le Diable est bonhomme
> Aussi voyons-nous d'abord
> Ixion faisant un somme
> Près de Tantale ivre-mort
> Tant qu'on le pourra, etc.

SCÈNE IX.

LES MÊMES, TENU, EUGÉNIE.

TENU, *entre avec Eugénie.* — Est-ce que tu crois être le maître ici pour faire tant de bruit.

BROSSAÏ. — Quand on paye, on est maître, il est vrai que nous ne payons pas toujours. (*Ils vont s'asseoir à la table*). Allons, maître Martin, une fiole de gros bleu.

MARTIN. — Une bouteille du Jourdain (*à part*), celle-là a reçu le baptême (*haut*). Voilà, Messieurs.

TENU, *lui posant la main sur l'épaule.* — Nous n'avons pas la frimousse des messieurs, mais nous avons leurs bourses, elles sont à notre disposition ; il s'agit tout simplement d'apparaître à leurs yeux souffrants et surtout estropiés.

Brossaï, *à Eugénie.* — Toujours charmante, ma poulette.

Tenu. — Ma poulette, ma poulette ; il n'y a pas d'esclaves parmi nous ; Eugénie est une femme libre.

Brossaï. — Oh ! te voilà encore avec ta femme libre. C'était bon du temps des Florac, Tristan, Saint-Simon, Fourier, Cabet, Louis Blanc et tant d'autres rêveurs ; notre rêve, à nous, c'est la bouteille, Bacchus et Cupidon, n'est-ce pas, Bobonne (*il prend un verre*). Moi, je bois à la santé des vivants et des hommes libres.

Eugénie. — Et les femmes.

Tenu. — Approuvé, à nous deux la majorité, surtout féminine ; je vote toujours pour la majorité, même quand je suis seul.

Brossaï. — Allons, voilà qu'il fait de la politique, je vote contre la politique, je veux être de l'opposition.

Eugénie. — Allons, avez-vous bientôt fini, avec votre politique. Voyez, j'ai un secret à vous confier.

Tenu (*attentif*). — Eh bien, j'ai trouvé ce billet qui doit être un billet de banque.

Brossaï (*avec empressement*). — Voyons.

Eugénie. — Mais à une condition, c'est que ce sera un secret entre nous trois, s'il y a de l'argent à retirer, c'est moi qui serai le caissier et nous ferons une noce à tout casser tant que l'argent durera.

Ensemble (*élevant la main*). Approuvé.

Brossaï. — En voilà une de majorité. Voyons.

Eugénie. — Le voilà.

Brossaï. — C'est bien un billet à ordre, mais il a été payé.

Eugénie. — Mais par derrière.

Brossaï. — C'est, je crois, une chanson.

Eugénie. — Lisez.

BROSSAÏ.

1ᵉʳ COUPLET.

De quel règne affreux, règne d'ignominie,
On t'abreuve aujourd'hui sans raison
Oh ! mon pays : oh ! ma belle patrie
On te dote de lois. . . . .
Pour un penseur, que l'avenir est triste
Que de blessures il nous faudra guérir
Pauvres insensés, qui méprisez les guides
Qu'un jour il vous faudra bénir.

2ᵉ COUPLET.

Où allez-vous, toutes vos prisons regorgent
L'Afrique est peuplée de proscrits.
Est-ce en frappant, est-ce en creusant des tombes
Que la patrie vous criera : merci.
Dieu nous l'a dit, au jugement suprême
Sa voix dira : Tyrans, soyez maudits
Enfants maudits, ils enchainent leur mère,
Tremblez ! qu'elle soit sans merci.

3ᵉ COUPLET.

Carnot, un jour, sauva notre patrie
Carnot est mort, non, Carnot est vivant
A la montagne il est sur le qui-vive
Et vous, Cosaques, aux regards insolents
Tremblez, qu'un jour les fils vengent leurs pères
Et n'écoutant que l'écho des prisons
Au Vahitau la loi dira, j'espère
Chacun son tour essayons les pontons.

TENU. — Ah ! par exemple, chacun son tour, essayons les pontons ; merci, je n'en suis pas amateur, j'aime mieux que ce soient les républicains, eux y sont habitués ; on les expédie en Afrique jusqu'à ce qu'ils soient assez nombreux pour établir une République à leur manière.

BROSSAÏ. — Le neveu suit l'exemple de l'oncle.

TENU. — Oh ! mais c'était un mâle, celui-là.

BROSSAÏ. — Oui, mais il envoya aussi promener les républicains à Cayenne.

EUGÉNIE. — Mais pourquoi les envoyait-il aussi loin.

BROSSAÏ. — Pour qu'ils ne retournent plus. Vous savez, la machine infernale de la rue Saint-Nicaise que les royalistes avaient faite, eh bien, ce furent les républicains qui payèrent pour les royalistes, parce que ceux-là le gênent dans ses ambitions ; il en expédie cent vingt-trois et un an après il en restait juste un qui fit cette chanson, les autres étaient morts. Voici donc la chanson du dernier survivant. (*Il chante*).

> Rois, au bon temps des gloires féodales
> Vous nous disiez : Peuple fier à genoux,
> Rois, nous baisions vos poudreuses sandales,
> Rois, maintenant, vous êtes moins que nous.
> Vous oubliez bien souvent que l'on pleure
> Et dans nos mains nous tenons vos beffrois
> Pour les heurter nous n'attendons que l'heure
> Quand il le faut le peuple se fait roi.

TENU (*observant dans la coulisse*). — Silence, quelqu'un vient, qu'on ne nous accuse pas de conspirateurs.

SCÈNE X.

Les mêmes, Réquier, Blanc, Dutueil.

RÉQUIER. — ... Ici, non, mais à Paris, dans les grands centres. Oh ! j'ai toujours dit que le neveu ne ferait pas mieux que l'oncle, quoiqu'il ait dit : « La République a comme le soleil, aveugle qui ne la voit pas », l'oncle est devenu aveugle et le neveu est déjà borgne.

BLANC. — Mais son serment.

DUTUEIL. — Il en est des Bonaparte comme des Borgia, le serment est bon pour le peuple. Allons, mes enfants, je pars rejoindre la colonne au Luc, qui se dirige sur Aups. A bientôt. (*Il sort*).

BLANC. — Il est temps d'agir. Bonaparte a violé son serment et la Constitution. Aux armes. (*Ils sortent*).

SCÈNE XI.

Les précédents, Brin, Frisch.

BRIN (*entrant en tenant son chien par la corde*). Allons, vive la gaîté et le bon vin. (*Il lâche la corde en donnant un coup de pied à son chien*) Maudit Canard, qui m'a fait perdre ma recette en se fourrant dans les jambes de ce gros ventru.

FRISCH. — J'ai eu la revanche. Tiens, son chien m'a emporté la moitié de la jambière de mon pantalon (*il lui montre sa jambe*).

Brin. — Mais les picaillons sont tombés.

Frisch. — Oui, c'est le caniche qui m'a payé. Cochon de métier (*ils vont s'asseoir à table*).

Brossaï, *ivre buvant*. — Eh bien, soit, à la santé de la belle Eugénie, notre ménagère.

Gustave. — Et pourtant, voilà où en est la société.

Tenu, *ivre à Brossaï*. — Dis donc, vois-tu ce gars, là-bas, est-ce que ce serait un novice ou un ratier. Attends, je vais le savoir. (*Il se dresse en chancelant et se rapproche de l'ouvrier*). Monsieur est sans doute un voyageur comme nous, un peu dans la débine, le pain sec que vous dévorez me laisse croire que vous n'êtes pas millionnaire.

Gustave, *se dressant*. — Misérable, je suis ouvrier, gardez vos plaisanteries et votre abrutissement pour vous et les vôtres. Le pain sec ne déshonore pas, mais le métier que vous faites déshonore et avilit.

Tenu. — De la morale, blanc-bec, les moralisateurs, il faut les démolir. (*Il s'élance sur Gustave et s'écrie :* A moi, les gars...)

SCÈNE XII.

Les mêmes, Henri.

Henri (*apparaît sur le seuil de la porte, surpris*). — La lutte. (*Il se jette au milieu de la mêlée et Tenu, Brossaï et Eugénie sont renversés à terre*).

Henri à Gustave. — Sauvons-nous.

Brin et Frisch (*accourant*). — Y a-t-il du sang.

Martin (*relevant Brossaï*). — Oh, non, ce n'est que du vin (*A part*) J'ai beau y mettre de l'eau, Ils se soûlent quand même (*Il les emmène se coucher*). Allons, à la paille, canaille.

SCÈNE XIII.

Réquier et Blanc, traversant la scène.

Réquier. — Ce n'est pas le moment d'attendre. Dutueil est à la tête des colonnes du Var marchant sur Aups, l'ordre est d'aller le rejoindre. Je viens de faire prévenir par des exprès tous les habitants des villages voisins ; le départ est pour minuit. J'ai donné ici des ordres pour battre le rappel. Ecoutez... allons, aux armes et vive la République. (*Ils sortent*).

(*On entend battre le rappel*).

Brin à Frisch. — As-tu vu ces gars, là-bas, en sortant ils ont crié vive la République.

Frisch. — Un moment, vive, vive qui gagnera.

Brin. — Crions toujours vive la République, puisque c'est elle qui commence.

Frisch. — A la bonne heure.

Brin. — Et tapons sur les aristocrates.

Frisch. — Mais si Bonaparte réussit.

Brin. — Nous taperons sur les républicains et cette fois ce ne sera pas le chapeau à la main qu'arriveront les picaillons. Allons, aux armes.

Frisch, *réfléchissant*. — Mais où les prendre.

Brin. — On nous en donnera. Ils sortent en criant ensemble vive la République.

On entend le rappel qui se rapproche. Le peuple en armes se précipite sur la scène en chantant des airs patriotiques. Trois vieillards déposent des armes sur une table. A ce moment arrivent des drapeaux, des tambours et la masse du peuple.

Réquier, la main levée sur la table où sont déposées les armes chante le couplet suivant, la foule répète au refrain.

> Que le fer paternel arme la main des braves
> Songez à nous au champ de Mars
> Consacré par le sang des rois et des esclaves
> Ce fer bénit par vos vieillards
> Et rapportant sous la chaumière
> Des victoires et des vertus
> Venez fermer notre paupière
> Quand les tyrans ne seront plus.
>> Aux armes, citoyens
>> Formez vos bataillons
>> Marchons, marchons
>> Qu'un sang impur
>> Abreuve nos sillons.

Blanc saisit un drapeau et chante à son tour le couplet suivant. Le peuple se jette à genoux aux premiers mots. Comme au couplet précédent, la foule répète le refrain.

Amour sacré de la patrie
Conduis, soutiens nos bras vengeurs
Liberté, liberté chérie
Combats avec tes défenseurs
Sous le drapeau de la victoire
Accours à ses mâles accents
Et que ses ennemis expirants
Voient enfin triompher notre gloire.
    Aux armes, etc.

FIN DU PROLOGUE.

Le drame sera composé du prologue ci-dessus et de 4 actes.

1er ACTE.

Aups. La lutte, la défaite et la mort.

2e ACTE.

Le fort Lamalgue. La Fuite.

3e ACTE.

L'exil et ses misères.

4e ACTE.

Une ambulance garibaldienne en face des Prussiens.
La lutte, la famille et la mort.

www.ingramcontent.com/pod-product-compliance
Lightning Source LLC
Chambersburg PA
CBHW061610040426
42450CB00010B/2414